Impressum
Verlag: BABADADA GmbH, Nedderfeld 112 , 22529 Hamburg
Geschäftsführer / Verlagsleitung: Harald Hof
Druck: Books on Demand GmbH, In de Tarpen 42, 22848 Norderstedt

Imprint
Publisher: BABADADA GmbH, Nedderfeld 112 , 22529 Hamburg, Germany
Managing Director / Publishing direction: Harald Hof
Print: Books on Demand GmbH, In de Tarpen 42, 22848 Norderstedt

학교

school

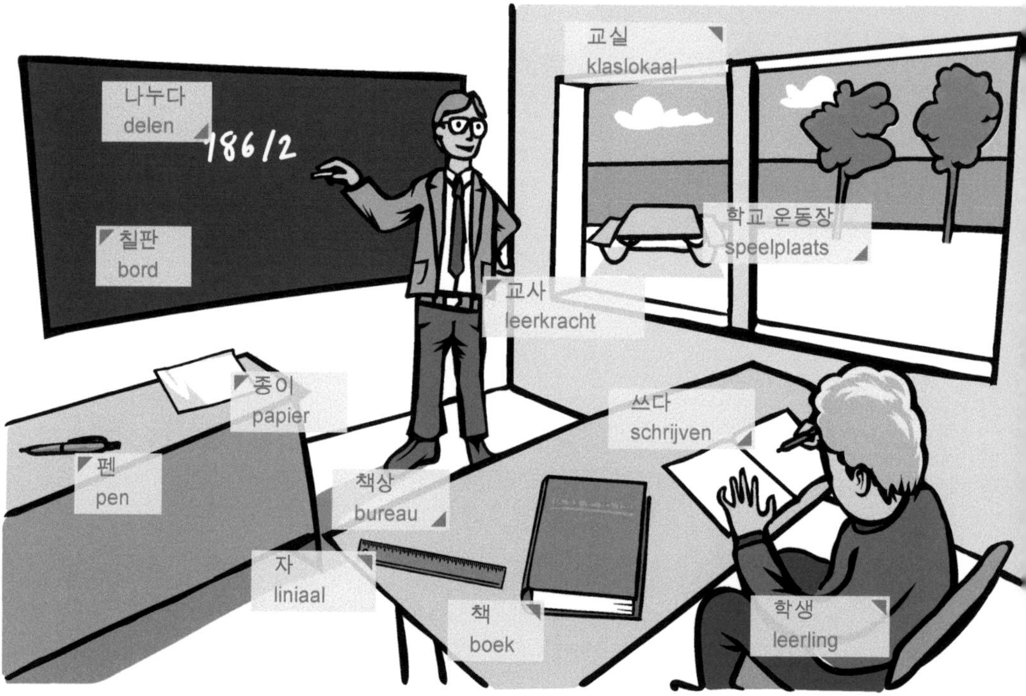

교실
klaslokaal
나누다
delen
186/2
칠판
bord
학교 운동장
speelplaats
교사
leerkracht
종이
papier
쓰다
schrijven
펜
pen
책상
bureau
자
liniaal
책
boek
학생
leerling

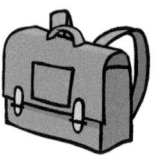

책가방

schooltas

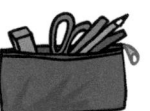

필통

pennenzak

연필

potlood

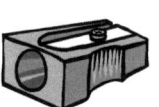

연필깎이

puntenslijper

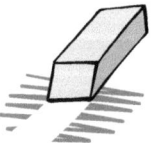

지우개

gom

스케치북

tekenblok

그림
tekening

붓
verfborstel

그림물감 통
verfdoos

가위
schaar

풀
lijm

연습장
werkboek

숙제
huiswerk

12

숫자
nummer

2+2

더하다
optellen

5-2

빼다
aftrekken

2×2

곱하다
vermenigvuldigen

계산하다
rekenen

A

글자
letter

ABCDEFG
HIJKLMN
OPQRSTU
VWXYZ

알파벳
alfabet

hello

낱말
woord

텍스트
tekst

읽다
Lezen

분필
krijt

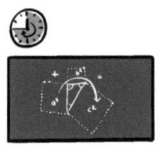

수업시간
les

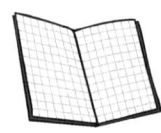

출석부
klassenboek

시험
examen

증명서
certificaat

교복
schooluniform

교육
onderwijs

백과사전
encyclopedie

대학교
universiteit

현미경
microscoop

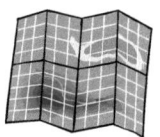

지도
kaart

휴지통
papiermand

여행
reis

호텔
hotel
Grand
호스텔
jeugdherberg
ROOMS
환전소
wisselkantoor
EXCHANGE
여행가방
koffer
자동차
auto

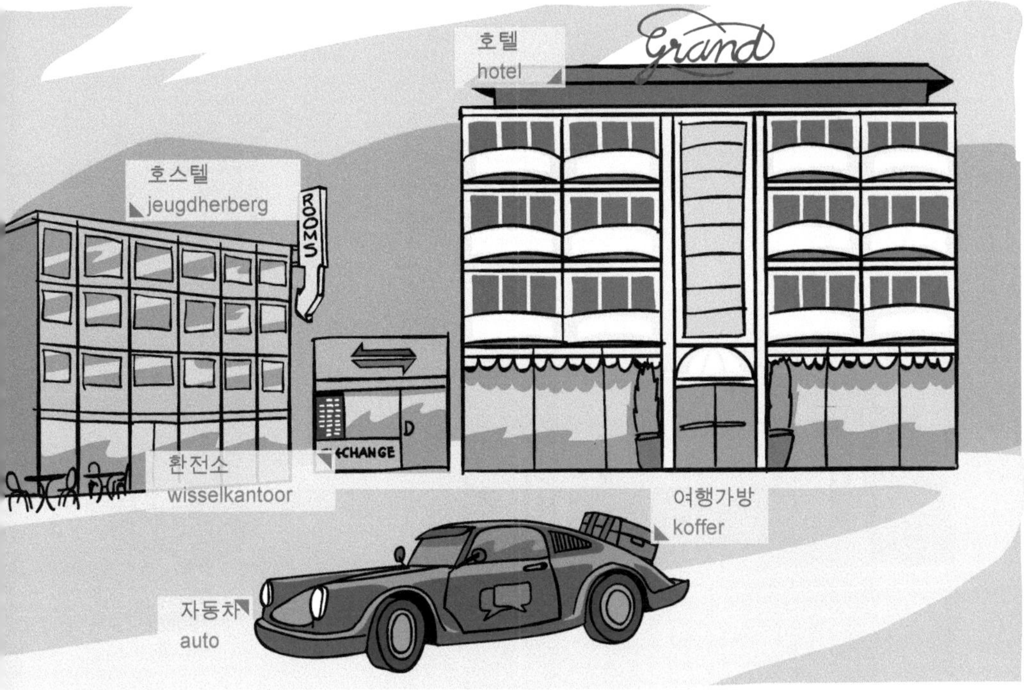

언어

Taal

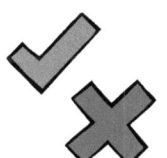

예 / 아니오

ja / nee

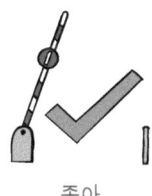

좋아

oké

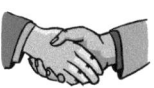

안녕

hallo

번역가

vertaler

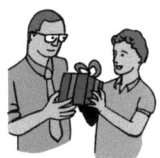

고마워, 고마워요

bedankt

... 얼마입니까?

Hoeveel kost ...?

나는 이해하지 못합니다

Ik begrijp het niet

문제

probleem

안녕하세요!

Goedenavond!

안녕하세요!

Goedemorgen!

잘자요!

Goedenavond!

또 만나요

Tot ziens

방향

richting

수하물

bagage

가방

zak

배낭

rugzak

손님

gast

방

kamer

침낭

slaapzak

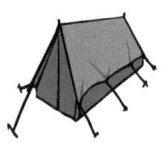

텐트

tent

여행 안내

toeristeninformatie

해변

strand

신용카드

kredietkaart

아침식사

ontbijt

점심식사

lunch

저녁식사

avondeten

승차권

ticket

승강기

lift

우표

postzegel

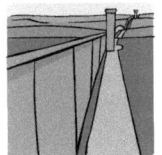

경계

grens

세관

douane

대사관

ambassade

비자

visum

여권

paspoort

운반
transport

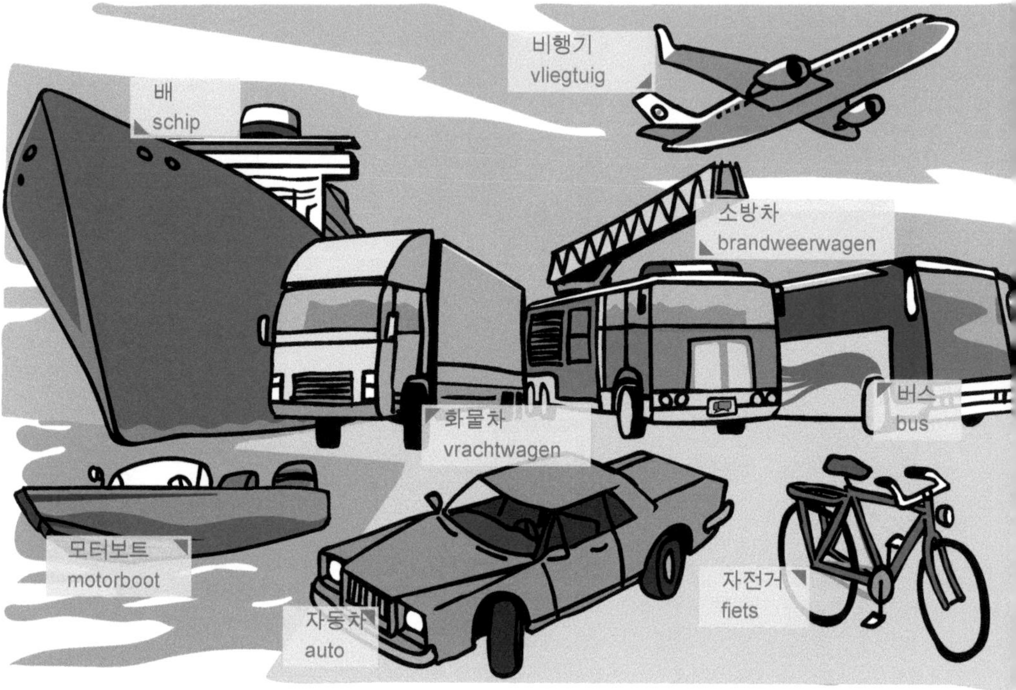

비행기
vliegtuig
배
schip
소방차
brandweerwagen
버스
bus
화물차
vrachtwagen
모터보트
motorboot
자전거
fiets
자동차
auto

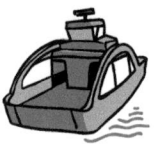

페리
veerboot

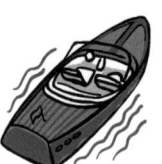

보트
boot

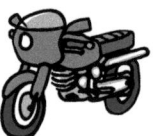

오토바이
motor

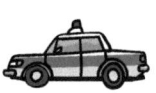

경찰차
politiewagen

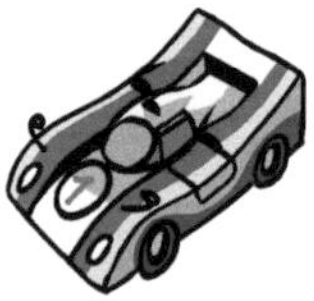

경주차
racewagen

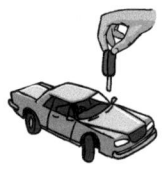

렌트카
huurauto

카셰어링

carpoolen

견인차

sleepwagen

쓰레기차

vuilniswagen

모터

motor

연료

benzine

주유소

benzinestation

교통 표지

verkeersbord

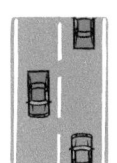

교통

verkeer

교통 정체

file

주차장

parkeerplaats

기차역

station

트랙터

sporen

기차

trein

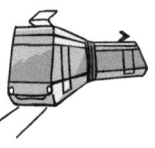

전차

tram

객차

wagon

헬리콥터

helikopter

공항

luchthaven

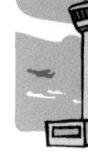

타워

toren

승객

passagier

컨테이너

container

상자

karton

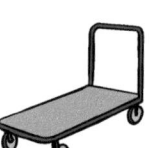

카트

kar

바구니

mand

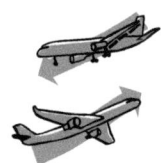

출발하다 / 도착하다

opstijgen / landen

도시
stad

마을

dorp

도심

stadscentrum

집

huis

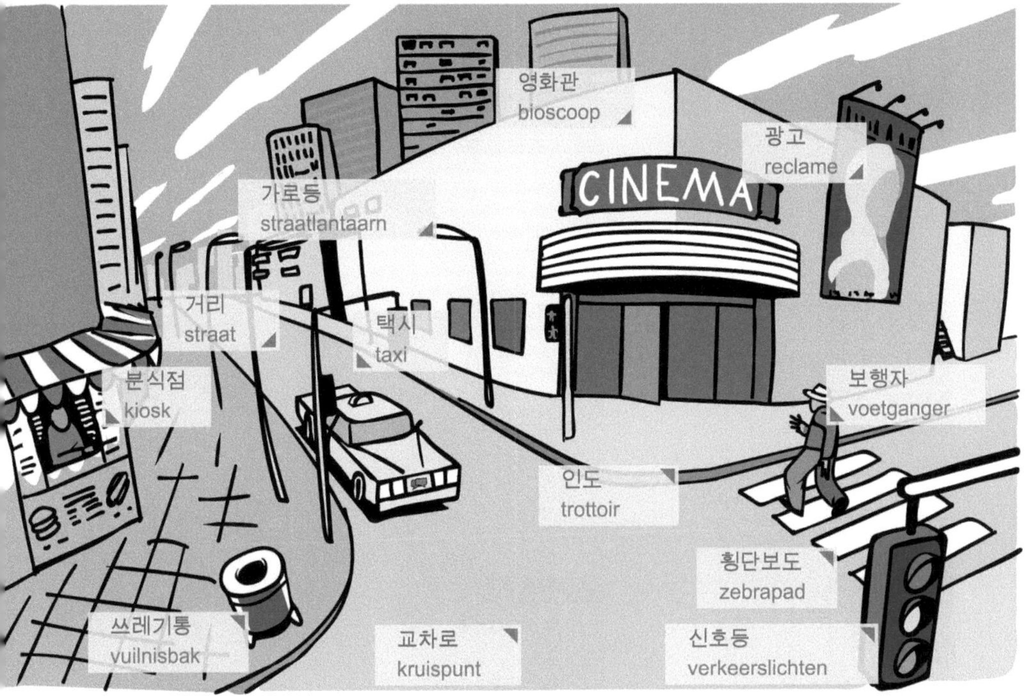
영화관
bioscoop
광고
reclame
CINEMA
가로등
straatlantaarn
거리
straat
택시
taxi
분식점
kiosk
보행자
voetganger
인도
trottoir
횡단보도
zebrapad
쓰레기통
vuilnisbak
교차로
kruispunt
신호등
verkeerslichten

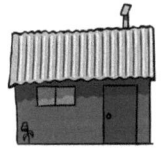

오두막

hut

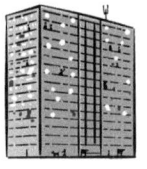

주택

woning

기차역

station

시청

stadshuis

MUSEUM

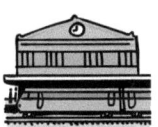

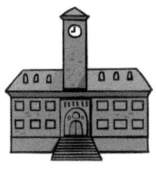

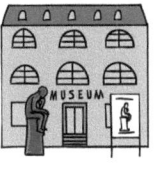

박물관

museum

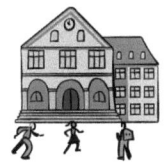

학교

school

대학교
universiteit

은행
bank

병원
ziekenhuis

호텔
hotel

약국
apotheek

사무실
kantoor

서점
boekwinkel

상점
winkel

꽃가게
bloemenwinkel

수퍼마켓
supermarkt

시장
markt

백화점
warenhuis

생선가게
vishandelaar

쇼핑 센터
winkelcentrum

항구
haven

공원
park

벤치
bank

다리
brug

계단
trap

지하철
metro

터널
tunnel

버스 정류장
bushalte

바
bar

레스토랑
restaurant

우체통
brievenbus

도로 표지판
straatnaambord

주차료 징수기
parkeermeter

동물원
zoo

수영장
zwembad

모스크 사원
moskee

도시 - stad

농장
boerderij

환경오염
milieuverontreiniging

공동묘지
kerkhof

교회
kerk

놀이터
speelplaats

절
tempel

풍경
landschap

잎
blad

이정표
wegwijzer

길
weg

초원
weide

돌
steen

나무
boom

도보여행자
wandelaar

강
rivier

잔디
gras

꽃
bloem

계곡
vallei

산
heuvel

호수
meer

숲
bos

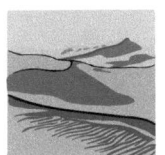

사막
woestijn

화산
vulkaan

성
kasteel

무지개
regenboog

버섯
paddenstoel

야자나무
palmboom

모기
mug

파리
vlieg

개미
mier

벌
bijl

거미
spin

딱정벌레

kever

개구리

kikker

다람쥐

eekhoorn

고슴도치

egel

토끼

haas

부엉이

uil

새

vogel

백조

zwaan

맷돼지

wild zwijn

사슴

hert

순록

eland

댐

dam

풍력 터빈

windturbine

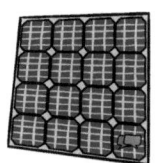

태양광 전지판

zonnepaneel

기후

klimaat

풍경 - landschap

레스토랑

restaurant

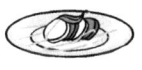

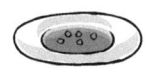

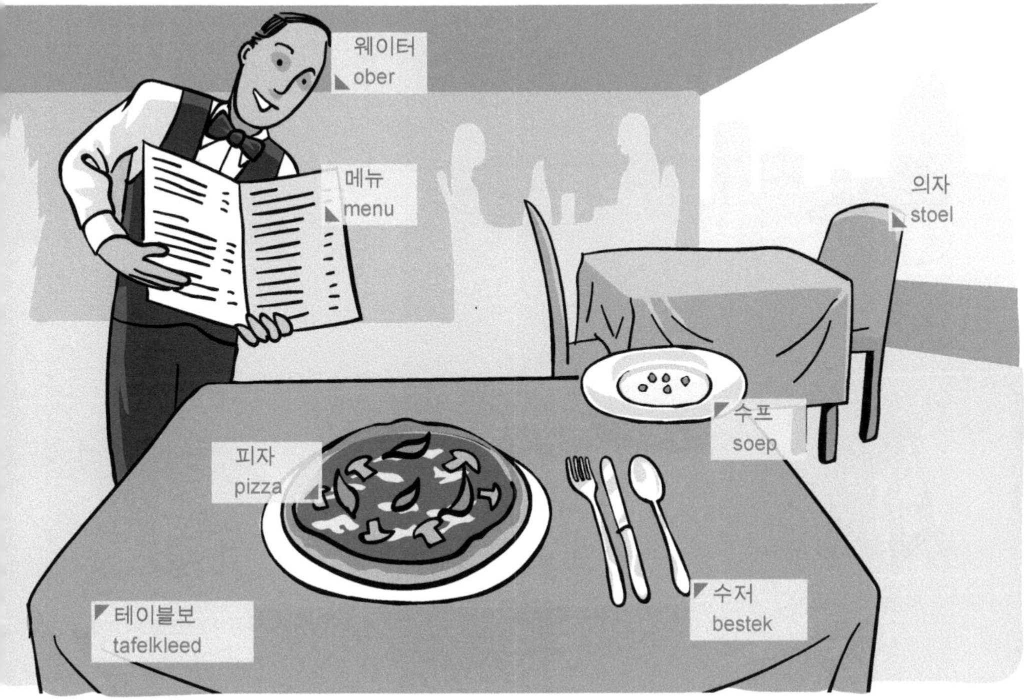

웨이터
ober
메뉴
menu
의자
stoel
수프
soep
피자
pizza
수저
bestek
테이블보
tafelkleed

전채요리

voorgerecht

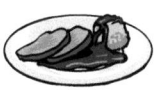

주요리

hoofdgerecht

후식

nagerecht

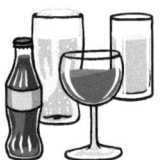

음료수

drankjes

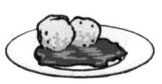

음식

eten

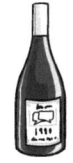

병

fles

인스턴트 식품

fastfood

길거리음식

street food

찻주전자

theepot

설탕통

suikerpot

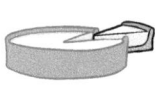

인분

portie

에스프레소 머신

espressomachine

높은 의자

kinderstoel

계산서

rekening

쟁반

dienblad

칼

mes

포크

vork

숟가락

lepel

찻숟가락

theelepel

냅킨

serviette

유리잔

glas

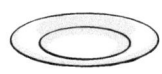

접시
bord

수프 그릇
soepbord

컵 받침
schoteltje

소스
saus

소금통
zoutvatje

후추통
pepermolen

식초
azijn

기름
olie

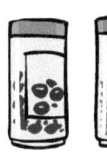

양념
kruiden

케첩
ketchup

겨자
mosterd

마요네즈
mayonaise

수퍼마켓

supermarkt

특가 판매
aanbieding
FOR
고객
klant
유제품
zuivelproducten
과일
fruit
트롤리
winkelwagen

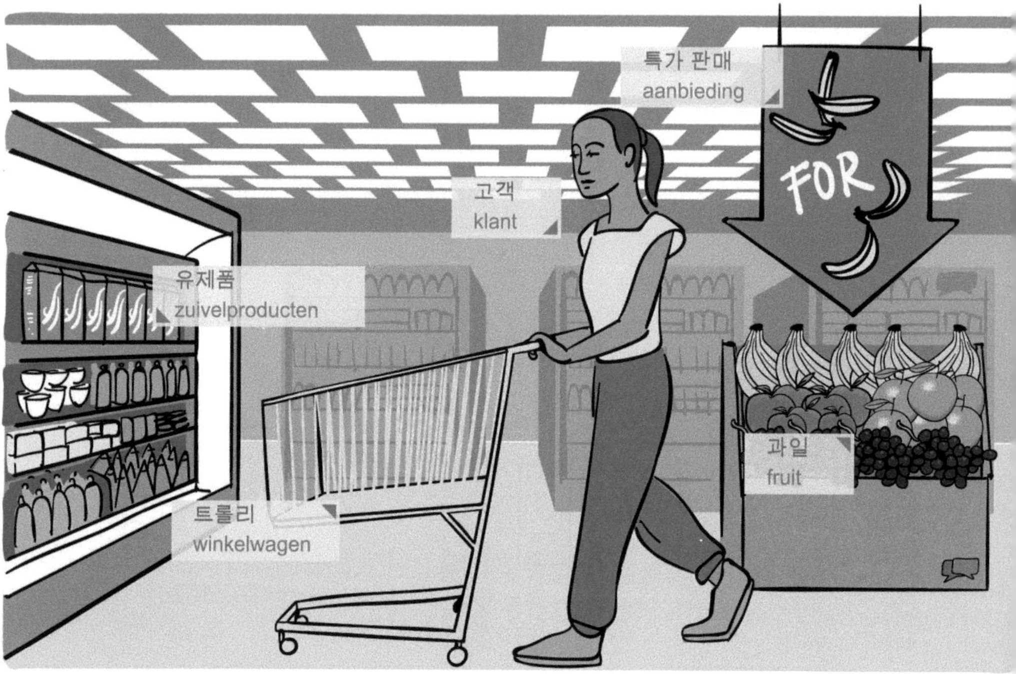

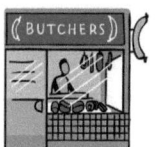

BUTCHERS

정육점

slagerij

BAKERY

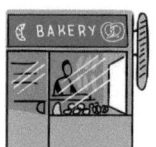

빵집

bakkerij

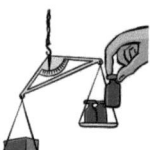

무게가 나가다

wegen

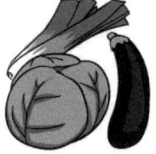

채소

groenten

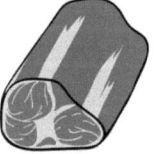

고기

vlees

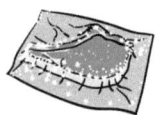

냉동식품

diepvriesvoedsel

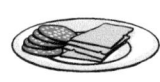

냉육
charcuterie

통조림
conserven

가루 세제
waspoeder

달콤한 간식
snoep

가정용품
huishoudproducten

세척제
schoonmaakproducten

판매원
verkoopster

계산대
kassa

계산원
kassier

구매목록
boodschappenlijstje

문 여는 시간
openingstijden

지갑
portefeuille

신용카드
kredietkaart

가방
tas

비닐 봉투
plastieken zakje

물
water

주스
sap

우유
melk

콜라
cola

와인
wijn

맥주
bier

술
alcohol

카카오
cacao

차고
thee

커피
koffie

에스프레소
espresso

카푸치노
cappuccino

바나나

banaan

사과

appel

오렌지

sinaasappel

수박

meloen

레몬

citroen

당근

wortel

마늘

knoflook

대나무

bamboe

양파

ajuin

버섯

champignon

견과류

noten

국수

noodles

스파게티

spaghetti

쌀

rijst

샐러드

salade

감자칩

frieten

감자튀김

gebakken aardappelen

피자

pizza

햄버거

hamburger

샌드위치

sandwich

커틀렛

kalfslapje

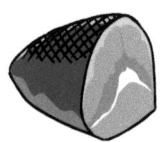

햄

ham

살라미

salami

소시지

worst

닭

kip

구이

braden

생선

vis

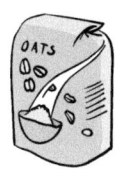

오트밀
havervlokken

뮤슬리
muesli

콘플레이크
cornflakes

밀가루
bloem

크루아상
croissant

롤빵
pistolet

빵
brood

토스트
toast

비스킷
koekjes

버터
boter

응유
kwark

케이크
taart

달걀
ei

계란 후라이
spiegelei

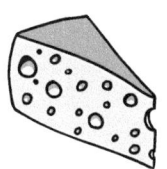

치즈
kaas

아이스크림

ijs

설탕

suiker

꿀

honing

잼

confituur

누가 크림

choco

카레

curry

농가
boerderij

헛간
schuur

볏짚 더미
strobaal

들
veld

말
paard

트레일러
aanhangwagen

망아지
veulen

트랙터
tractor

당나귀
ezel

양
schaap

새끼 양
lam

염소
geit

암소
koe

송아지
kalf

돼지
varken

새끼 돼지
biggetje

황소
stier

거위

gans

오리

eend

병아리

kuiken

암탉

kip

수탉

haan

쥐

rat

고양이

kat

생쥐

muis

황소

os

개

hond

개집

hondenhok

정원용 호스

tuinslang

물뿌리개

gieter

큰 낫

zeis

쟁기

ploeg

낫
sikkel

괭이
schoffel

쇠스랑
hooivork

도끼
bijl

외바퀴 손수레
kruiwagen

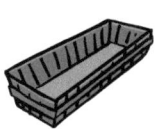

여물통
trog

우유 캔
melkkan

부대
zak

울타리
hek

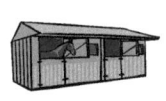

축사
stal

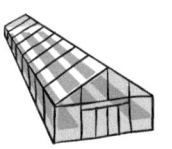

비닐하우스
broeikas

땅
bodem

씨앗
zaad

거름
mest

콤바인
maaidorser

수확하다

oogsten

수확

oogst

참마

yam

밀

tarwe

콩

soja

감자

aardappel

옥수수

maïs

유채씨

koolzaad

과일나무

fruitboom

카사바

maniok

곡식

graan

집
huis

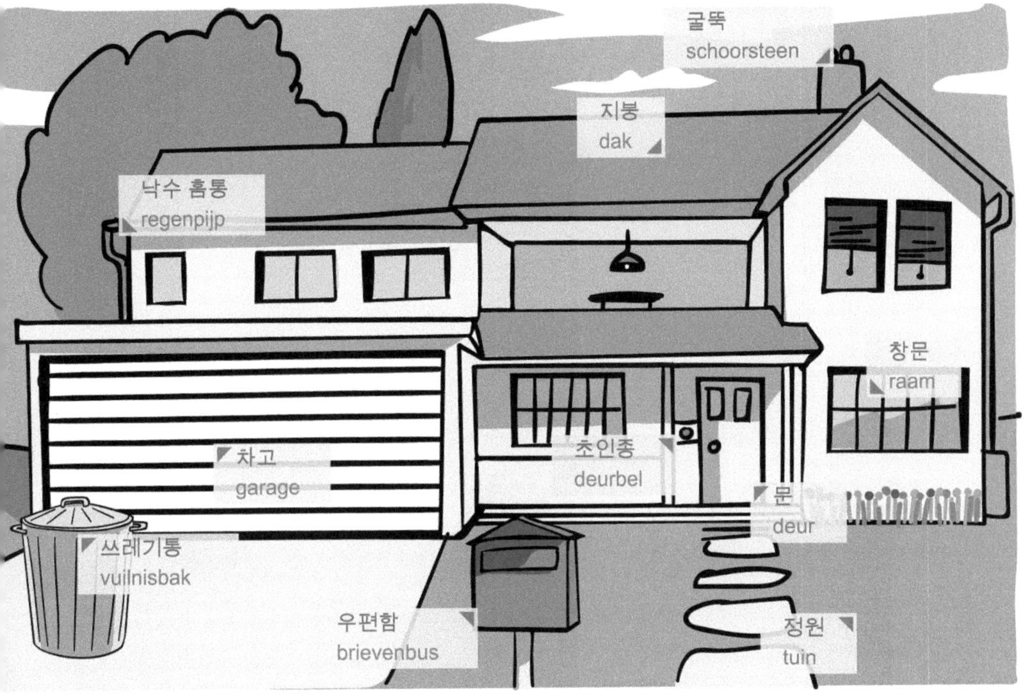

굴뚝
schoorsteen
지붕
dak
낙수 홈통
regenpijp
창문
raam
차고
garage
초인종
deurbel
문
deur
쓰레기통
vuilnisbak
우편함
brievenbus
정원
tuin

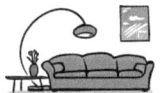

응접실

woonkamer

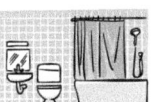

욕실

badkamer

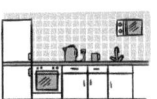

부엌

keuken

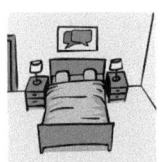

침실

slaapkamer

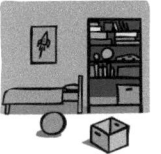

아이들 방

kinderkamer

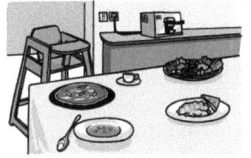

식사실

eetkamer

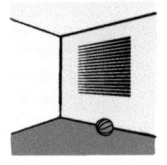

바닥
vloer

벽
muur

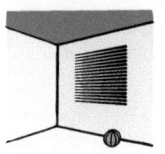

천장
plafond

지하실
kelder

사우나
sauna

발코니
balkon

테라스
terras

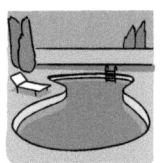

수영장
zwembad

잔디 깎는 기계
grasmaaier

침대 시트
dekbedovertrek

이불
dekbed

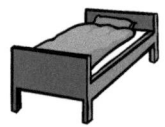

침대
bed

빗자루
bezem

양동이
emmer

스위치
schakelaar

응접실
woonkamer

벽지
behangpapier
그림
foto
전등
lamp
선반
schap
캐비닛
kast
텔레비전
televisie
벽난로
open haard
꽃
bloem
쿠션
kussen
소파
sofa
꽃병
vaas
리모컨
afstandsbediening

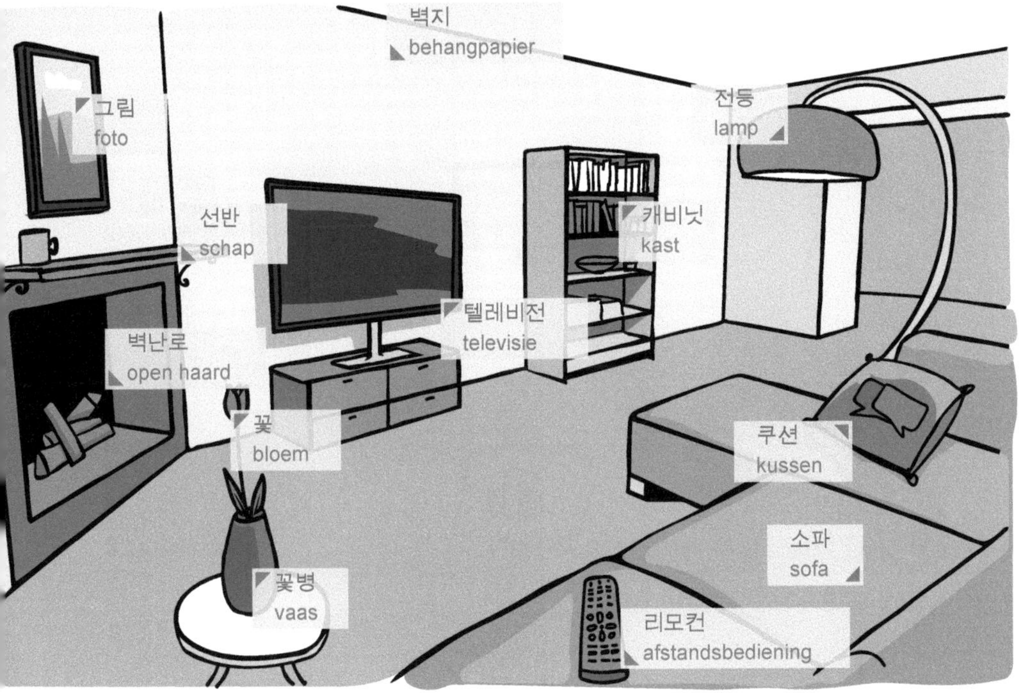

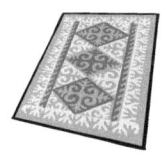

카페트

mat

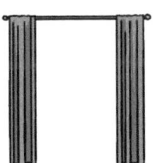

커튼

gordijn

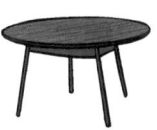

탁자

tafel

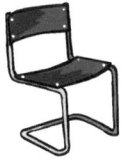

의자

stoel

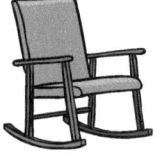

흔들의자

schommelstoel

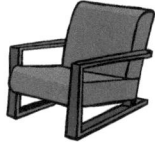

안락의자

fauteuil

책

boek

담요

deken

장식

decoratie

뗄감나무

brandhout

영화

film

하이파이 기기

stereo-installatie

열쇠

sleutel

신문

krant

회화

schilderij

포스터

poster

라디오

radio

노트

notitieboekje

진공청소기

stofzuiger

선인장

cactus

초

kaars

부엌

keuken

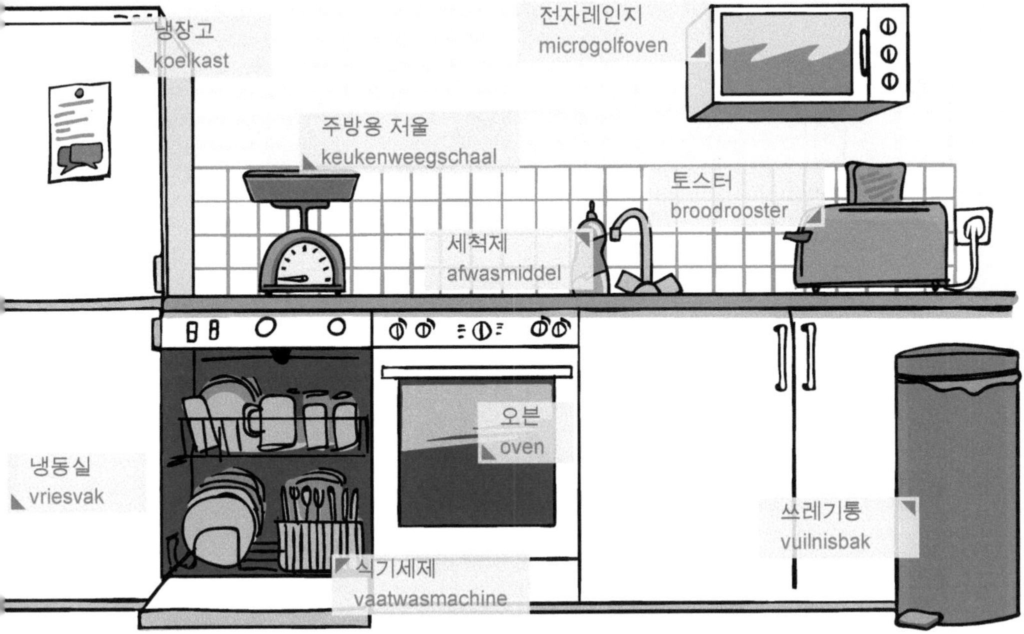

냉장고
koelkast
전자레인지
microgolfoven
주방용 저울
keukenweegschaal
토스터
broodrooster
세척제
afwasmiddel
오븐
oven
냉동실
vriesvak
쓰레기통
vuilnisbak
식기세제
vaatwasmachine

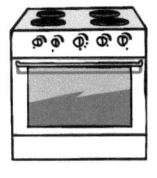

쿠커

fornuis

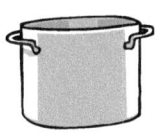

냄비

pot

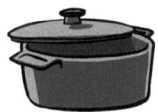

주철 냄비

gietijzeren pot

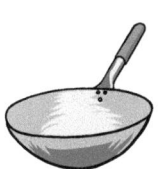

웍 / 카다이 냄비

wok / kadai

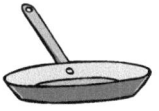

프라이팬

pan

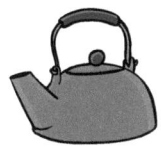

주전자

waterkoker

찜기

stoomkoker

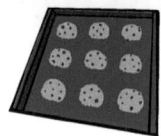

오븐 구이용 쟁반

bakplaat

그릇

servies

머그

mok

양푼이

kom

젓가락

eetstokjes

국자

pollepel

주걱

spatel

거품기

garde

여과기

vergiet

체

zeef

강판

rasp

절구

mortier

바베큐

barbecue

화덕

haardvuur

도마
snijplank

밀방망이
deegrol

코르크 병따개
kurkentrekker

캔
blik

캔 따개
blikopener

냄비 받침
pannenlap

개수대
gootsteen

솔
borstel

수세미
spons

블렌더
blender

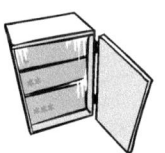

냉동고
vriezer

젖병
papfles

수도꼭지
kraan

욕실
badkamer

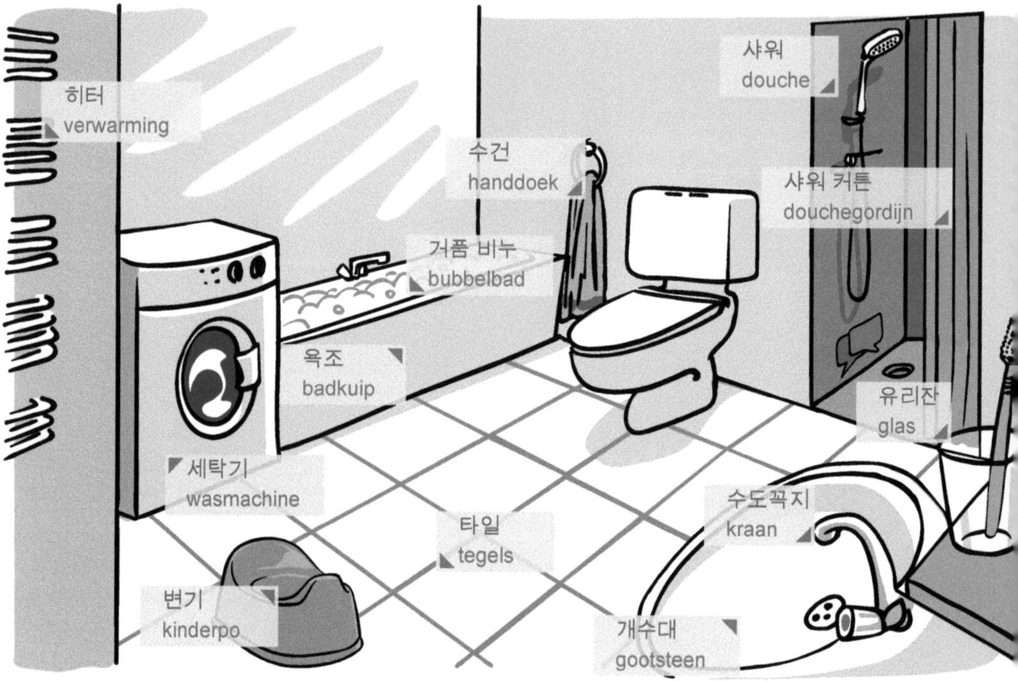

히터
verwarming
수건
handdoek
샤워
douche
샤워 커튼
douchegordijn
거품 비누
bubbelbad
욕조
badkuip
유리잔
glas
세탁기
wasmachine
수도꼭지
kraan
타일
tegels
변기
kinderpo
개수대
gootsteen

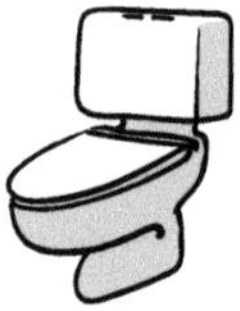

화장실
toilet

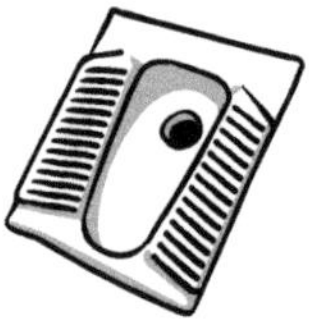

재래식 화장실
hurktoilet

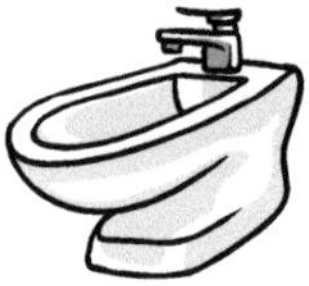

비데
bidet

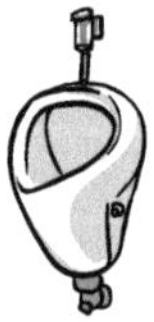

공중 변소
urinoir

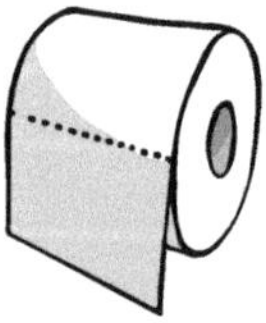

화장지
toiletpapier

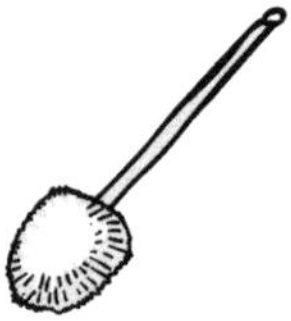

변기솔
toiletborstel

치솔
tandenborstel

치약
tandpasta

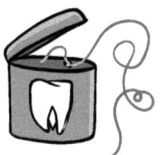

치실
flosdraad

씻다
wassen

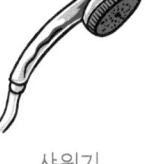

샤워기
handdouche

질 세척제
bidethanddouche

대야
waskom

등밀이솔
rugborstel

비누
zeep

샤워 젤
douchegel

샴푸
shampoo

물걸레
washandje

배수관
afvoer

크림
crème

체취 제거제
deodorant

거울

spiegel

휴대용 거울

handspiegel

면도기

scheermes

면도 거품

scheerschuim

에프터쉐이브

aftershave

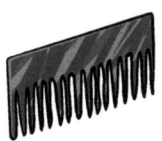

빗

kam

솔

borstel

헤어드라이기

haardroger

헤어스프레이

haarlak

메이크업

make-up

립스틱

lippenstift

손톱깎이

nagellak

면 솜

watten

손톱

nagelknipper

향수

parfum

세면도구 주머니
toilettas

스툴
kruk

저울
weegschaal

목욕 가운
badjas

고무 장갑
latex handschoenen

탐폰
tampon

생리대
maandverband

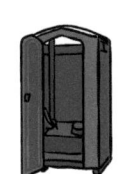

화학 화장실
chemisch toilet

아이들 방
kinderkamer

자명종
wekker
털인형
knuffel
장난감 차
speelgoedauto
딸랑이
rammelaar
인형의 집
poppenhuis
선물
geschenk

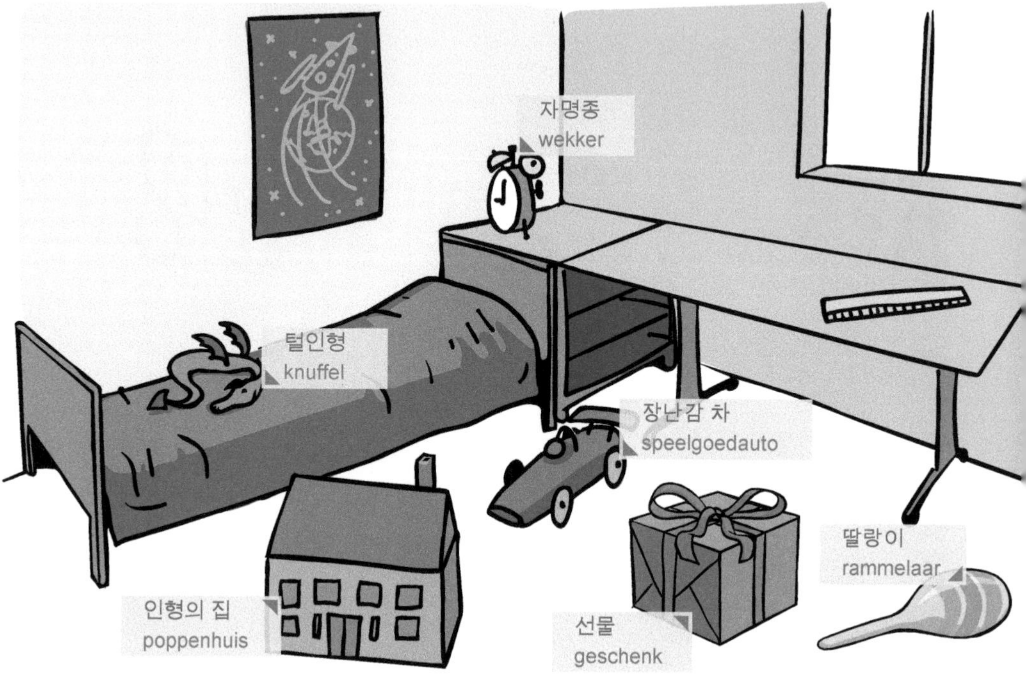

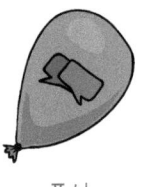

풍선

ballon

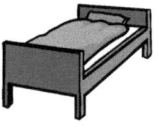

침대

bed

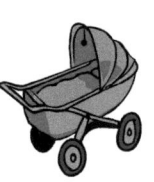

유모차

kinderwagen

카드 게임

spel kaarten

퍼즐

puzzel

SUPER
MEGA

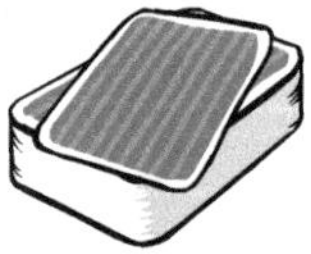

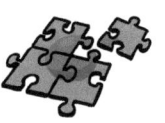

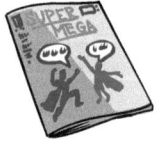

만화

stripboek

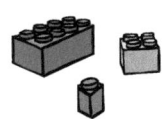

레고

legoblokjes

장난감 블럭

blokken

액션 캐릭터

actiefiguur

베이비 그로

kruippakje

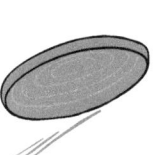

프리스비

frisbee

모빌

mobiel

보드 게임

bordspel

주사위

dobbelsteen

기차 모형 세트

modelspoorweg

노리개 젖꼭지

fopspeen

파티

feest

그림책

prentenboek

공

bal

인형

pop

놀다

spelen

모래상자

zandbak

그네

schommel

장난감

speelgoed

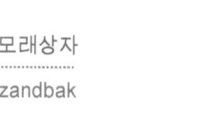

비디오 게임 콘솔

spelconsole

세바퀴자전거

driewieler

곰인형

knuffelbeer

옷장

kleerkast

의복

kleding

양말

sokken

스타킹

kousen

스타킹

maillot

스카프
sjaal

우산
paraplu

티셔츠
T-shirt

허리띠
riem

부츠
laarzen

슬리퍼
slippers

운동화
sneakers

샌들
sandalen

신발
schoenen

고무 장화
rubberlaarzen

팬티
onderbroek

브래지어
beha

러닝 셔츠
onderhemd

바디

lichaam

바지

broek

청바지

jeans

치마

rok

블라우스

blouse

셔츠

hemd

풀오버

trui

후드티

capuchontrui

블레이저

blazer

자켓

jas

외투

jas

비옷

regenjas

의상

kostuum

원피스

jurk

웨딩 드레스

trouwjurk

의복 - kleding

양복

pak

나이트가운

nachthemd

잠옷

pyjama

사리

sari

두건

hoofddoek

터번

tulband

부르카

boerka

카프탄

kaftan

아바야

abaya

수영복

badpak

수영바지

zwembroek

반바지

short

트레이닝복

trainingspak

앞치마

schort

장갑

handschoenen

단추

knoop

안경

bril

팔찌

armband

목걸이

ketting

반지

ring

귀걸이

oorbel

캡 모자

pet

옷걸이

kapstok

모자

hoed

넥타이

das

지퍼

rits

헬멧

helm

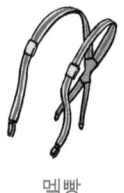

멜빵

bretellen

교복

schooluniform

유니폼

uniform

턱받이

slabbetje

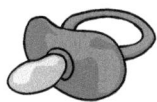

노리개 젖꼭지

fopspeen

기저귀

luier

사무실

kantoor

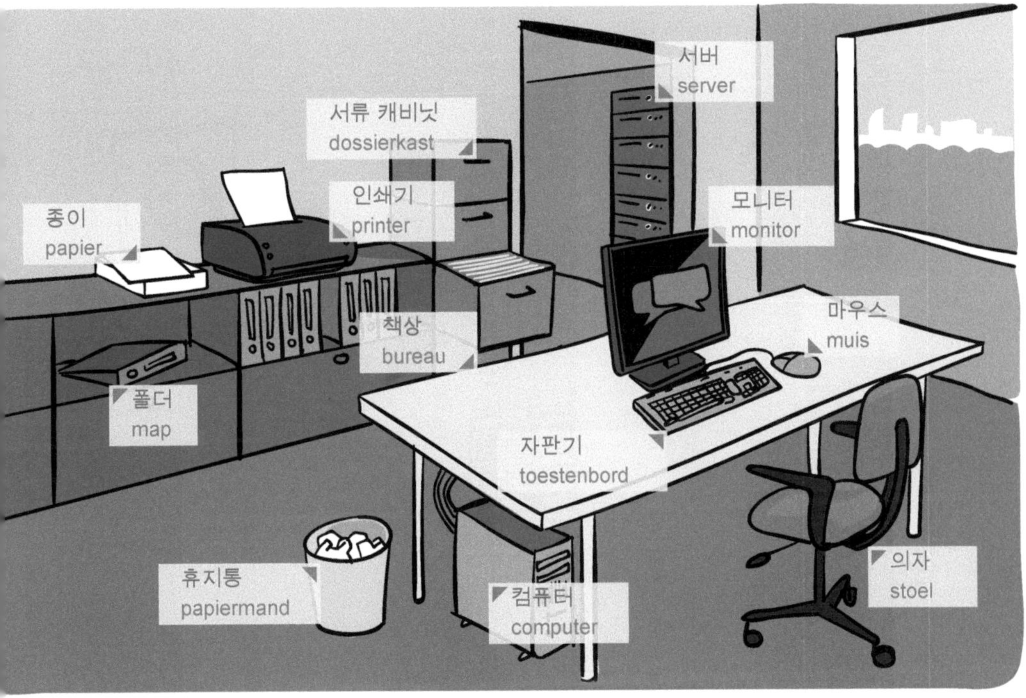

서버
server

서류 캐비닛
dossierkast

인쇄기
printer

모니터
monitor

종이
papier

마우스
muis

책상
bureau

폴더
map

자판기
toestenbord

휴지통
papiermand

의자
stoel

컴퓨터
computer

커피잔

koffiemok

계산기

rekenmachine

인터넷

internet

노트북

laptop

편지

brief

메시지

bericht

휴대전화

gsm

네트워크

netwerk

복사기

kopieerapparaat

소프트웨어

software

전화

telefoon

플러그 소켓

stopcontact

팩시밀리

fax

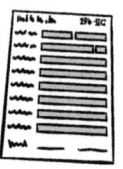

서식

formulier

서류

document

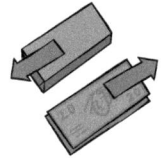

사다

kopen

지불하다

betalen

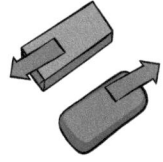

거래하다

handelen

돈

geld

달러

dollar

유로

euro

엔

yen

루벨

roebel

스위스 프랑

Zwitserse frank

위안

Chinese renminbi

루피

roepie

현금인출기

geldautomaat

환전소
wisselkantoor

금
goud

은
zilver

석유
olie

에너지
energie

가격
prijs

계약
contract

세금
belasting

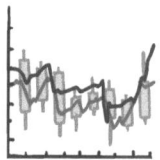

주식
aandeel

일하다
werken

근로자
werknemer

고용주
werkgever

공장
fabriek

상점
winkel

직업

beroepen

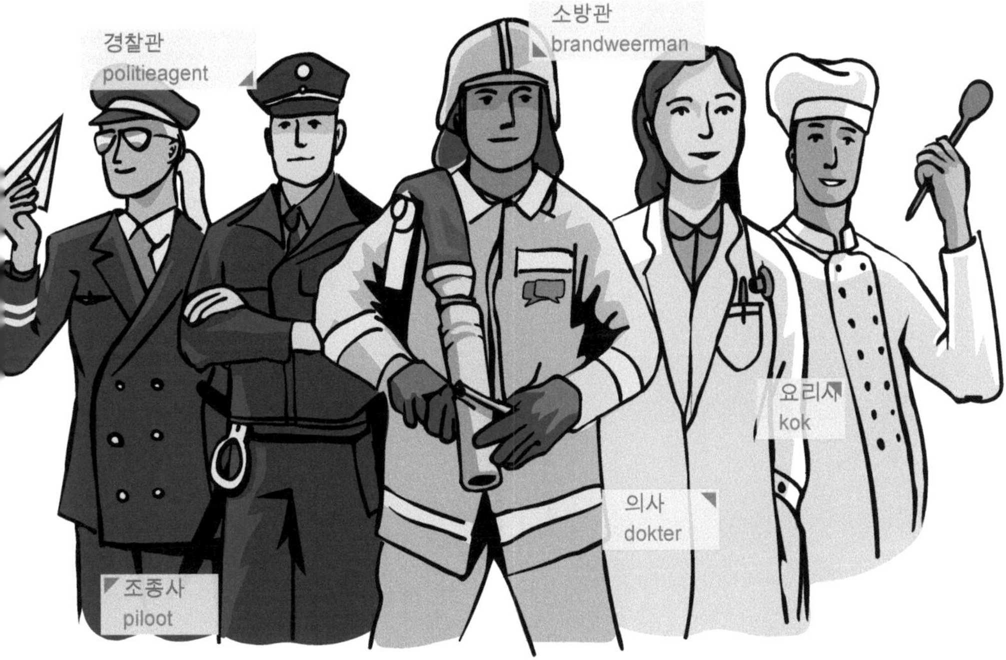

경찰관
politieagent
소방관
brandweerman
요리사
kok
의사
dokter
조종사
piloot

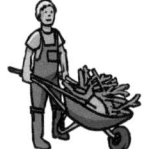

정원사

tuinman

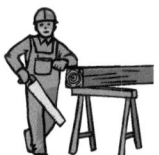

목수

timmerman

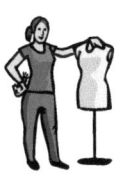

수선공

naaister

판사

rechter

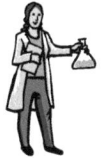

화학자

chemicus

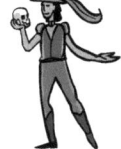

배우

acteur

버스운전사

buschauffeur

택시 운전사

taxichauffeur

어부

visser

청소부

schoonmaakster

지붕 수리자

dakdekker

웨이터

ober

사냥꾼

jager

화가

schilder

제빵사

bakker

전기업자

elektricien

건축업자

bouwvakker

엔지니어

ingenieur

정육점업자

slager

배관업자

loodgieter

우편물 배달부

postbode

군인

soldaat

건축가

architect

계산원

kassier

플로리스트

bloemist

미용사

kapper

검표원

conducteur

정비사

mecanicien

선장

kapitein

치과의사

tandarts

학자

wetenschapper

유대교 라비

rabbijn

이맘

imam

수도승

monnik

사제

geestelijke

연장
werktuigen

망치
hamer
펜치
tang
나사 드라이버
schroevendraaier
렌치
schroefsleutel
손전등
zaklamp

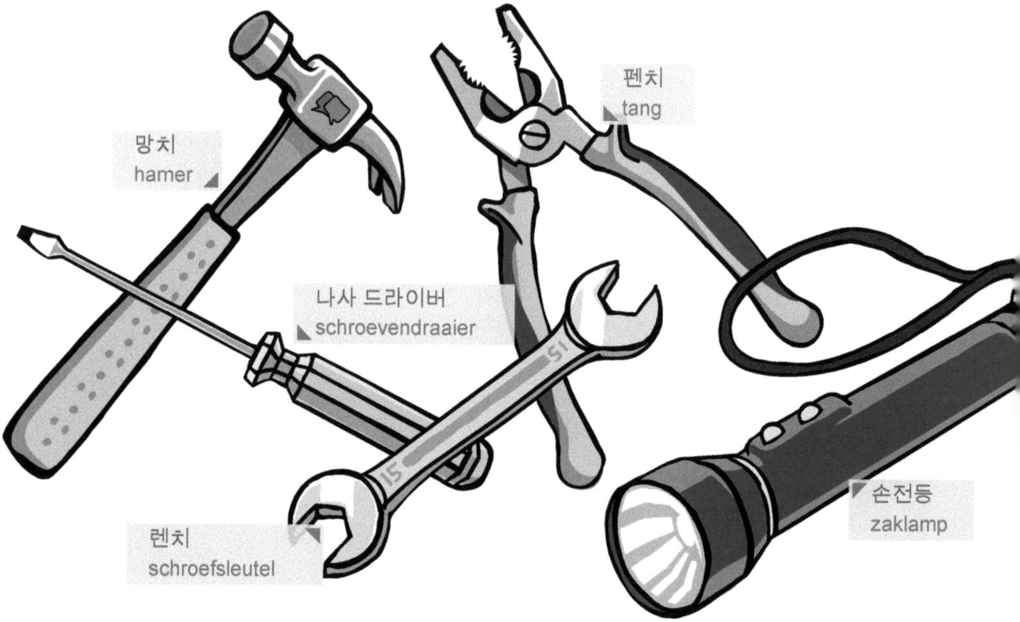

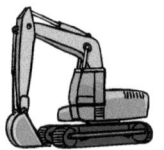

굴삭기
graafmachine

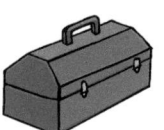

연장통
gereedschapskoffer

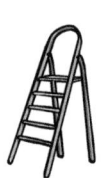

사다리
ladder

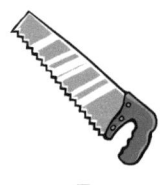

톱
zaag

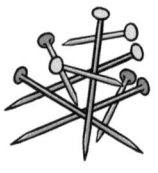

못
spijkers

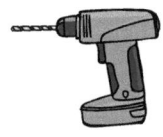

드릴
boormachine

수리하다
....
repareren

삽
....
schop

젠장!
....
Verdomme!

쓰레받기
....
blik

페인트통
....
verfpot

나사
....
schroeven

악기

muziekinstrumenten

스피커
luidspreker

드럼
drumstel

기타
gitaar

콘트라베이스
contrabas

트럼펫
trompet

피아노
piano

바이올린
viool

베이스
basgitaar

팀파니
pauk

북
trommels

키보드
keyboard

색소폰
saxofoon

플루트
fluit

마이크
microfoon

동물원

ZOO

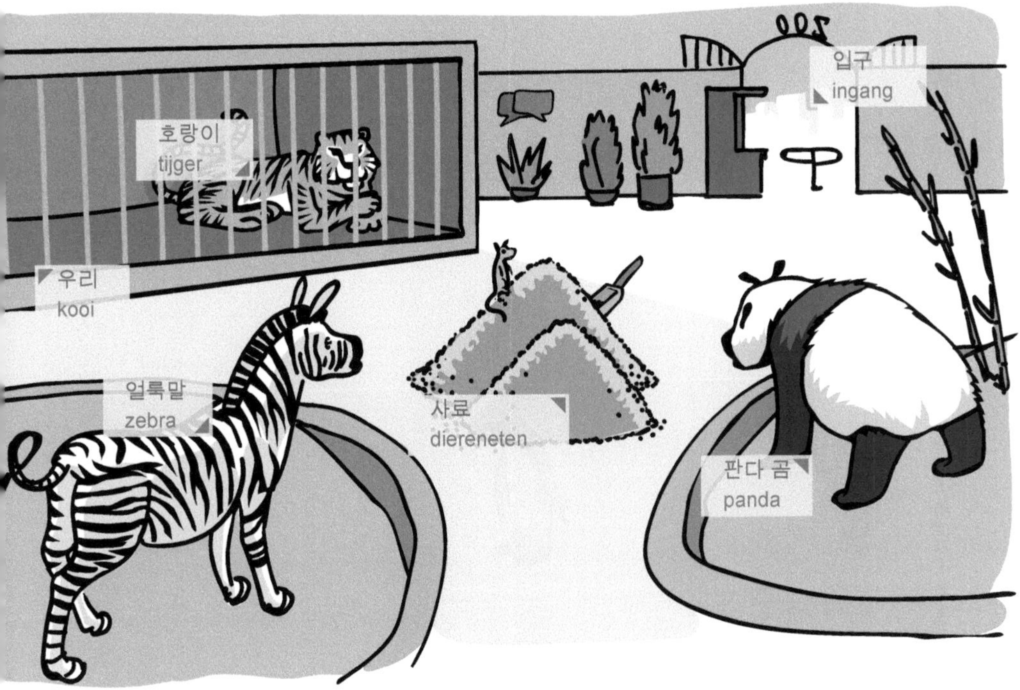

입구
ingang
호랑이
tijger
우리
kooi
얼룩말
zebra
사료
diereneten
판다 곰
panda

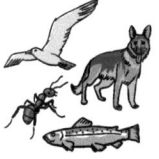

동물

dieren

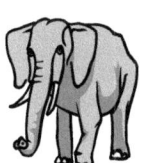

코끼리

olifant

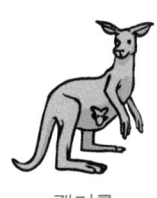

캥거루

kangoeroe

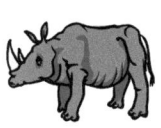

코뿔소

neushoorn

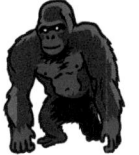

고릴라

gorilla

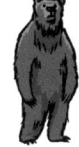

곰

beer

낙타

kameel

타조

struisvogel

사자

leeuw

원숭이

aap

홍학

flamingo

앵무새

papegaai

북극곰

ijsbeer

펭귄

pinguïn

상어

haai

공작

pauw

뱀

slang

악어

krokodil

동물원 사육사

dierenverzorger

물개

zeehond

재규어

jaguar

조랑말

pony

표범

luipaard

하마

nijlpaard

기린

giraffe

독수리

adelaar

맷돼지

wild zwijn

생선

vis

거북이

zeeschildpad

바다코끼리

walrus

여우

vos

영양

gazelle

미식축구
rugby

자전거 경기
wielrennen

테니스
tennis

농구
basketbal

수영
zwemmen

권투
boksen

아이스하키
ijshockey

축구
voetbal

배드민턴
badminton

육상 경기
atletiek

핸드볼
handbal

스키
skiën

폴로
polo

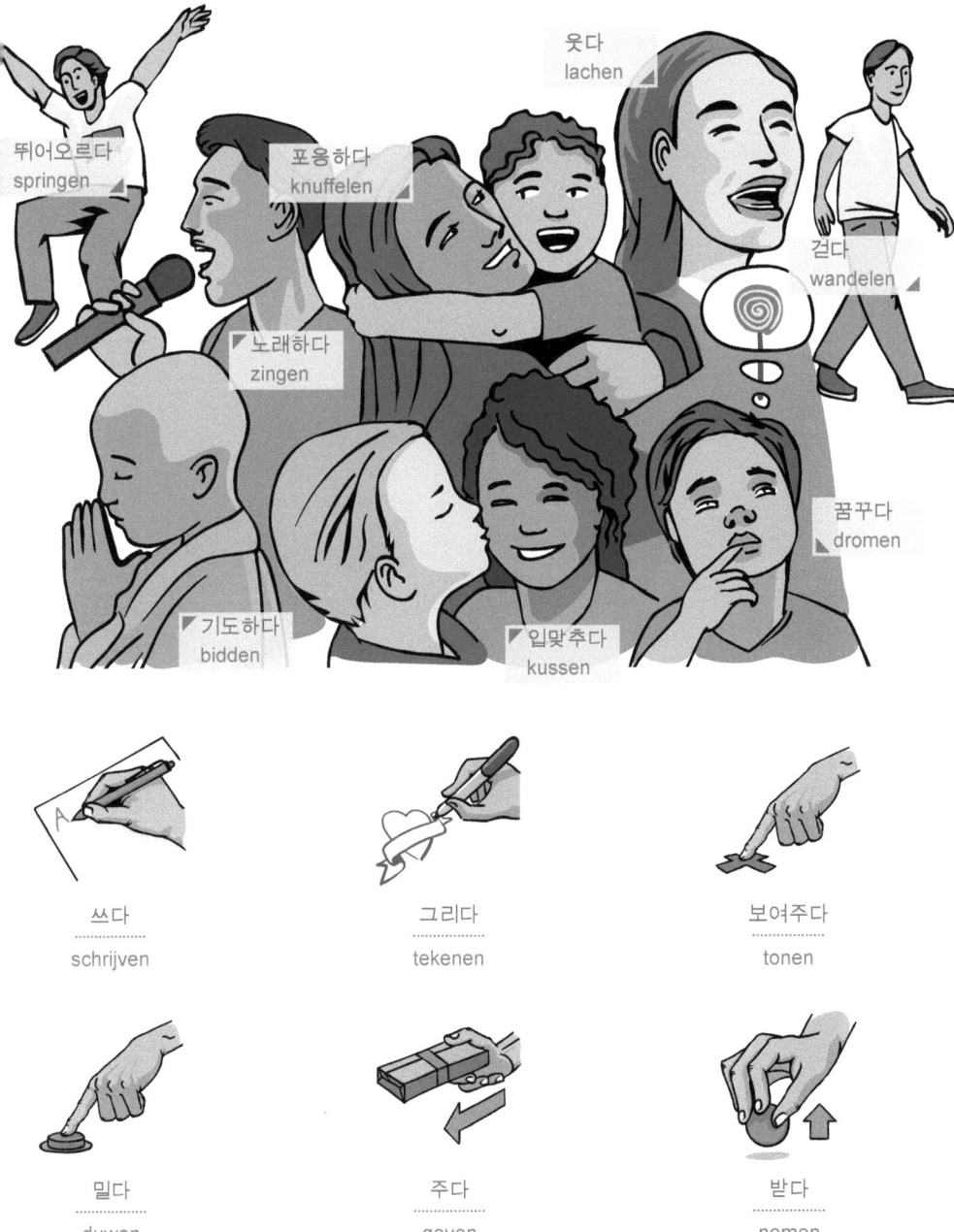

뛰어오르다
springen

포옹하다
knuffelen

웃다
lachen

걷다
wandelen

노래하다
zingen

꿈꾸다
dromen

기도하다
bidden

입맞추다
kussen

쓰다	그리다	보여주다
schrijven	tekenen	tonen
밀다	주다	받다
duwen	geven	nemen

가지다

hebben

행하다

doen

...이다

zijn

서있다

staan

뛰다

lopen

당기다

trekken

던지다

gooien

떨어지다

vallen

누워있다

liggen

기다리다

wachten

운반하다

dragen

앉다

zitten

옷을 입다

aankleden

자다

slapen

깨다

ontwaken

보다

kijken naar

울다

wenen

쓰다듬다

aaien

빗다

kammen

말하다

praten

이해하다

begrijpen

묻다

vragen

듣다

luisteren

마시다

drinken

먹다

eten

정리하다

opruimen

사랑하다

houden van

요리하다

koken

주행하다

rijden

날다

vliegen

활동 - activiteiten

해항하다
zeilen

계산하다
rekenen

읽다
Lezen

배우다
leren

일하다
werken

결혼하다
trouwen

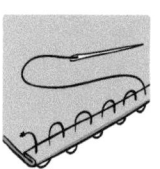

바느질하다
naaien

이를 닦다
tandenpoetsen

죽이다
doden

담배 피우다
roken

보내다
sturen

할머니
grootmoeder

할아버지
grootvader

아버지
vader

어머니
moeder

아기
baby

딸
dochter

아들
zoon

손님

gast

이모 / 고모

tante

삼촌

oom

형제

broer

자매

zus

몸통

lichaam

이마
voorhoofd
눈
oog
어깨
schouder
손가락
vinger
얼굴
gezicht
턱
kin
손가락
hand
가슴
borst
다리
been
팔
arm

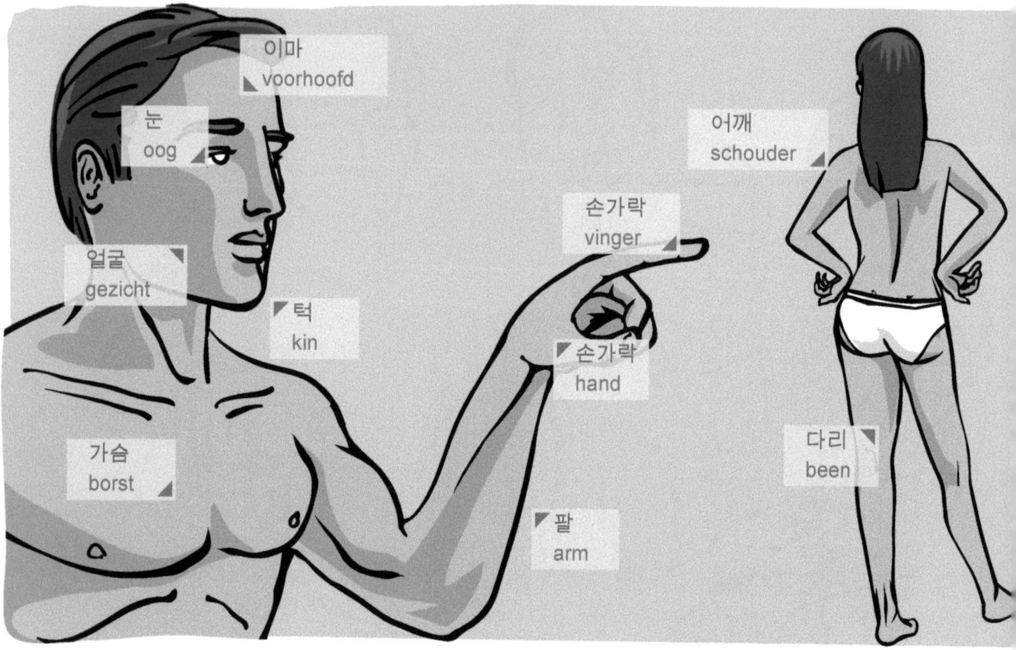

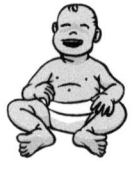

아기

baby

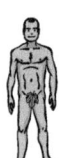

남자

man

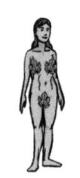

여자

vrouw

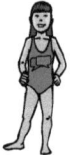

소녀

meisje

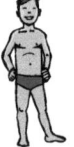

소년

jongen

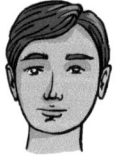

머리카락

hoofd

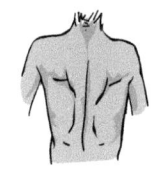

등

rug

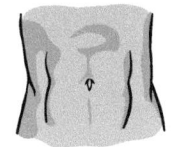

배

buik

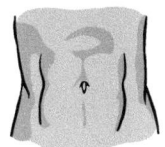

배꼽

navel

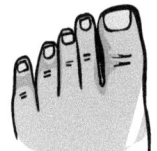

발가락

teen

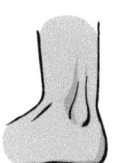

발꿈치

hiel

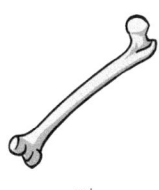

뼈

bot

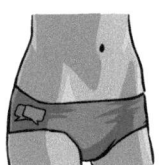

엉덩이

heup

무릎

knie

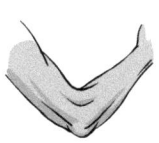

팔꿈치

elleboog

코

neus

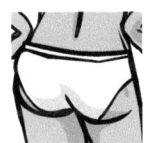

둔부

zitvlak

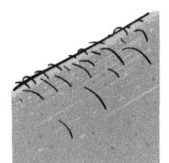

피부

huid

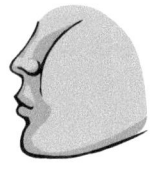

뺨

wang

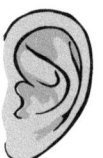

귀

oor

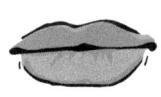

입술

lip

입
mond

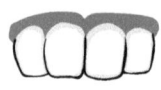

치아
tand

혀
tong

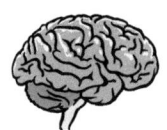

뇌
hersenen

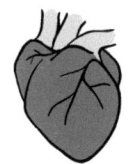

심장
hart

근육
spier

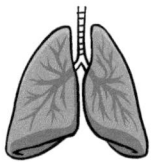

허파
long

간
lever

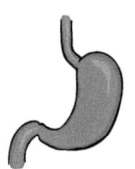

위
maag

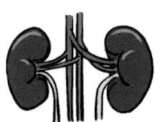

신장
nieren

성교
seks

콘돔
condoom

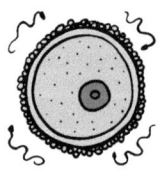

난자
eicel

정자
sperma

임신
zwangerschap

몸통 - lichaam

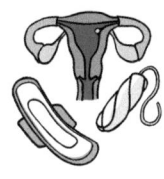

월경
menstruatie

질
vagina

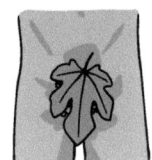

음경
penis

눈썹
wenkbrauw

머리카락
haar

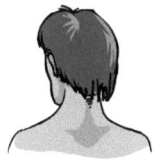

목
nek

병원
ziekenhuis

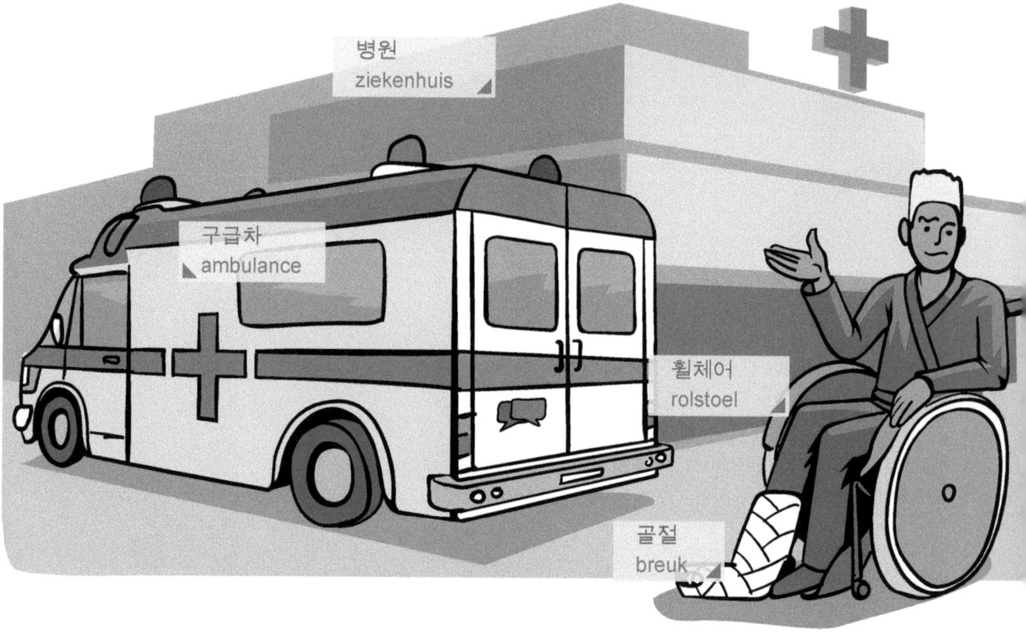

병원
ziekenhuis
구급차
ambulance
휠체어
rolstoel
골절
breuk

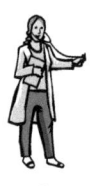

의사

dokter

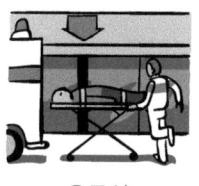

응급실

spoed

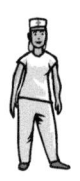

간호사

verpleegkundige

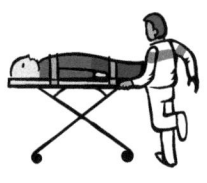

응급상황

noodgeval

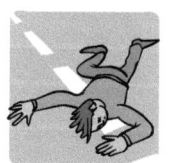

혼수상태

bewusteloos

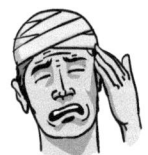

통증

pijn

부상

verwonding

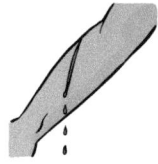

출혈

bloeding

심장마비

hartaanval

뇌졸중

beroerte

알러지

allergie

기침

hoest

열

koorts

독감

griep

설사

diarree

두통

hoofdpijn

암

kanker

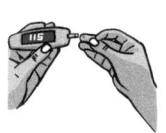

당뇨병

diabetes

외과의

chirurg

수술용 메스

scalpel

수술

operatie

CT
CT

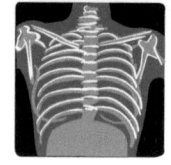

엑스레이
röntgenstraal

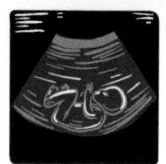

초음파
ultrageluid

마스크
gezichtsmasker

질병
ziekte

대기실
wachtkamer

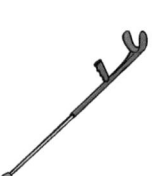

목발
kruk

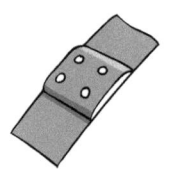

반창고
pleister

붕대
verband

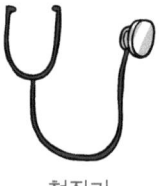

주사
injectie

청진기
stethoscoop

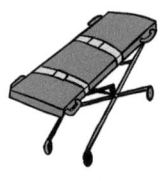

들것
brancard

체온계
thermometer

출생
geboorte

과체중
overgewicht

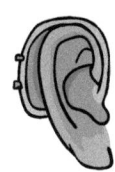

보청기

hoorapparaat

소독약

ontsmettingsmiddel

감염

infectie

바이러스

virus

HIV / AIDS

HIV / AIDS

의학

medicijn

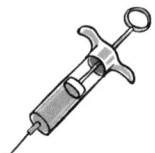

예방접종

vaccinatie

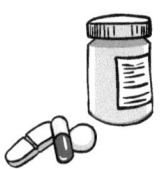

알약

tabletten

알약

pil

구급 전화

noodoproep

혈압측정기

bloeddrukmeter

병든 / 건강한

ziek / gezond

도와주세요!

Help!

경보음

alarm

폭행

overval

공격

aanval

위험

gevaar

비상구

nooduitgang

불이야!

Brand!

소화기

brandblusser

사고

ongeval

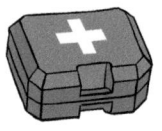

구급 상자

EHBO-kit

SOS

SOS

경찰

politie

유럽

Europa

북미

Noord-Amerika

남미

Zuid-Amerika

아프리카

Afrika

아시아

Azië

호주

Australië

북극

Atlantische Oceaan

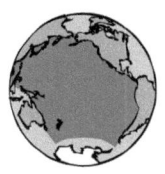

태평양

Stille Oceaan

인도양

Indische Oceaan

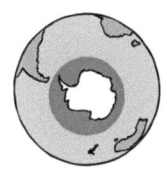

남극해

Antarctische Oceaan

복극해

Arctische Oceaan

복극해

Noordpool

남극해
Zuidpool

남극
Antarctica

지구
aarde

육지
land

바다
zee

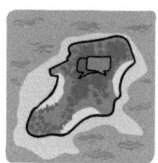

섬
eiland

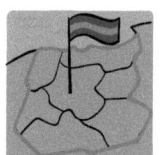

국가
natie

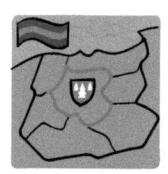

주
staat

시계 문자판

wijzerplaat

시침

uurwijzer

분침

minuutwijzer

초침

secondewijzer

몇 시입니까?

Hoe laat is het?

일

dag

시간

tijd

지금

nu

디지털 시계

digitale horloge

분

minuut

시간

uur

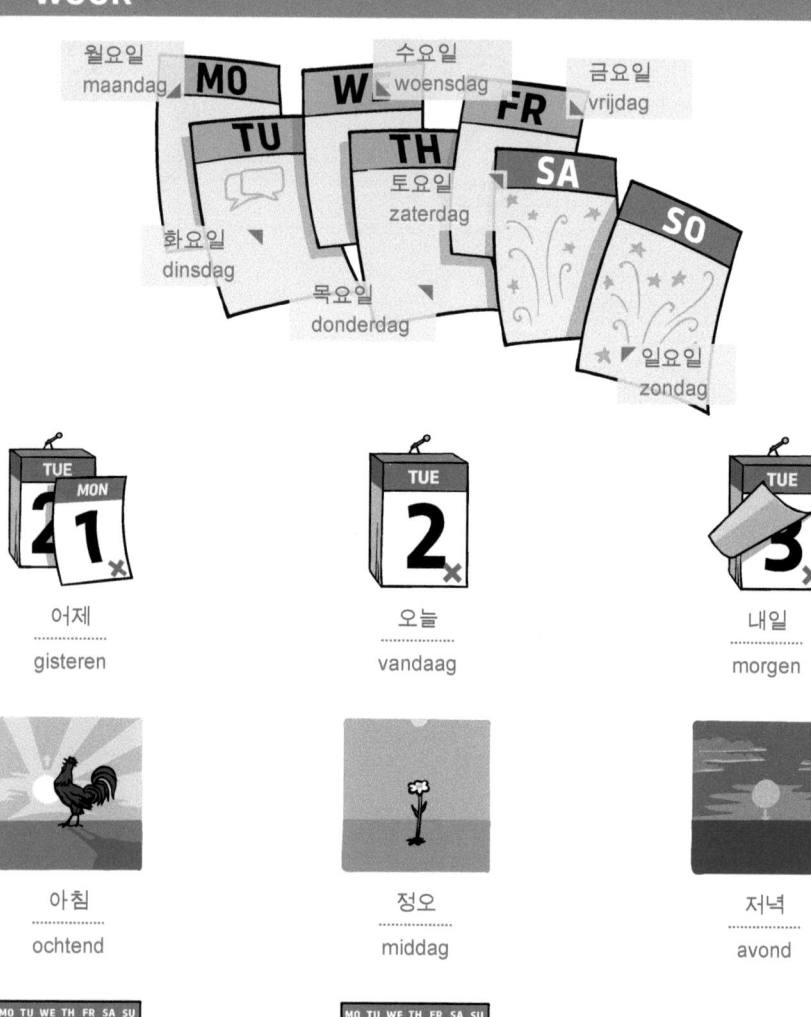

월요일 maandag — MO
수요일 woensdag — W
금요일 vrijdag — FR
TU
TH — 토요일 zaterdag
SA
SO
화요일 dinsdag
목요일 donderdag
일요일 zondag

어제
gisteren

오늘
vandaag

내일
morgen

아침
ochtend

정오
middag

저녁
avond

근로일
werkdagen

주말
weekend

비
regen

무지개
regenboog

바람
wind

눈
sneeuw

봄
lente

여름
zomer

가을
herfst

겨울
winter

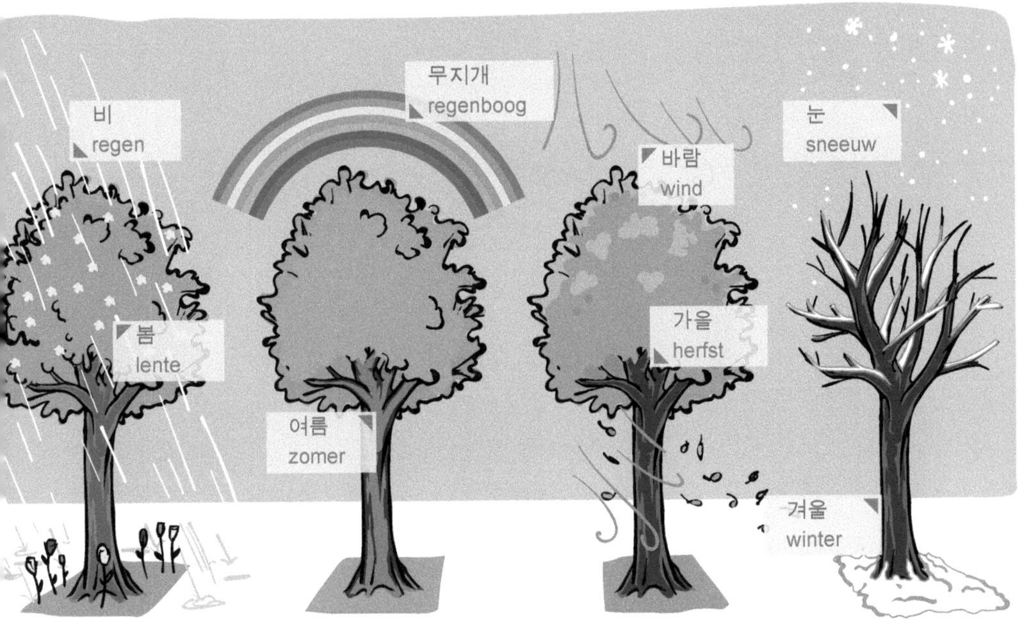

날씨 예보
weervoorspelling

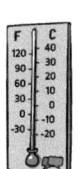

온도계
thermometer

햇빛
zonneschijn

구름
wolk

안개
mist

습도
vochtigheid

번개
bliksem

천둥
donder

폭풍
storm

우박
hagel

장마
moesson

홍수
overstroming

얼음
ijs

1월
januari

2월
februari

3월
maart

4월
april

5월
mei

6월
juni

7월
juli

8월
augustus

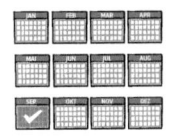

9월
....
september

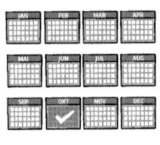

10월
....
oktober

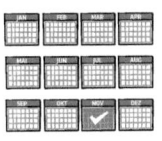

11월
....
november

12월
....
december

형태

vormen

원
....
cirkel

정사각형
....
kwadraat

직사각형
....
rechthoek

삼각형
....
driehoek

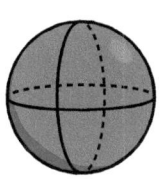

구
....
bol

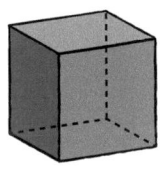

정사면체
....
kubus

색

kleuren

하양

wit

노랑

geel

주황

oranje

분홍

roze

빨강

rood

보라

paars

파랑

blauw

초록

groen

갈색

bruin

회색

grijs

검정

zwart

많은 / 적은

veel / weinig

화난 / 차분한

boos / kalm

아름다운 / 추한

mooi / lelijk

시작 / 끝

begin / einde

큰 / 작은

groot / klein

밝은 / 어두운

licht / donker

형제 / 자매

broer / zus

깨끗한 / 더러운

proper / vuil

완전한 / 불완전한

volledig / onvolledig

낮 / 밤

dag / nacht

죽은 / 산

dood / levend

넓은 / 좁은

breed / smal

삭용의 / 비식용의

eetbaar / oneetbaar

불친절한 / 친절한

kwaadaardig / vriendelijk

흥분된 / 지루한

opgewonden / verveeld

뚱뚱한 / 마른

dik / dun

처음으로 / 마지막으로

eerst / laatst

친구 / 적

vriend / vijand

꽉 찬 / 텅 빈

vol / leeg

딱딱한 / 부드러운

hard / zacht

무거운 / 가벼운

zwaar / licht

배고픔 / 목마름

honger / dorst

병든 / 건강한

ziek / gezond

불법 / 합법

illegaal / legaal

영리한 / 어리석은

intelligent / dom

왼 / 오른

links / rechts

가까운 / 먼

dichtbij / veraf

새 / 헌

nieuw / gebruikt

무 / 유

niets / iets

늙은 / 젊은

oud / jong

온 / 오프

aan / uit

열린 / 닫힌

open / dicht

조용한 / 시끄러운

stil / luid

부유한 / 가난한

rijk / arm

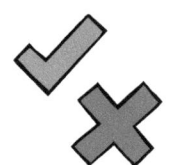

옳은 / 틀린

juist / fout

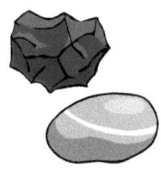

거친 / 매끄러운

ruw / glad

슬픈 / 기쁜

droevig / blij

짧은 / 긴

kort / lang

느린 / 빠른

traag / snel

젖은 / 마른

nat / droog

따뜻한 / 시원한

warm / koud

전쟁 / 평화

oorlog / vrede

0

영

nul

1

하나

één

2

둘

twee

3

셋

drie

4

넷

vier

5

다섯

vijf

6

여섯

zes

7

일곱

zeven

8

여덟

acht

9

아홉

negen

10

열

tien

11

열하나

elf

12

열둘

twaalf

13

열셋

dertien

14

열넷

veertien

15

열다섯

vijftien

16

열여섯

zestien

17

열일곱

zeventien

18

열여덟

achtien

19

열아홉

negentien

20

스물

twintig

100

백

honderd

1.000

천

duizend

1.000.000

백만

miljoen

영어

Engels

미국식 영어

Amerikaans Engels

중국어 만다린

Chinees (Mandarijn)

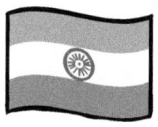

힌두어

Hindi

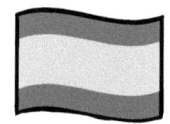

스페인어

Spaans

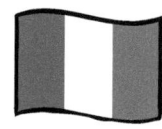

프랑스어

Frans

아랍어

Arabisch

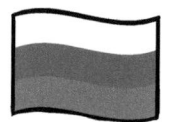

러시아어

Russisch

포르투갈어

Portugees

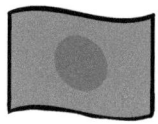

불가리아어

Bengali

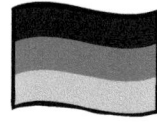

독일어

Duits

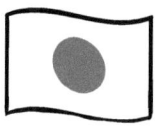

일본어

Japans

나
ik

너
u

그 / 그녀/ 그것
hij / zij / het

우리
wij

너희들
u

그들
ze

누가?
wie?

무엇이?
wat?

어떻게?
hoe?

어디서?
waar?

언제?
wanneer?

이름
naam

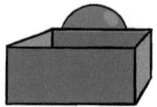

뒤에

achter

안에

in

앞에

voor

위에

boven

위에

op

아래에

onder

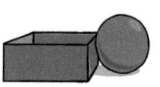

옆에

naast

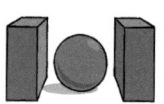

사이에

tussen

장소

plaats